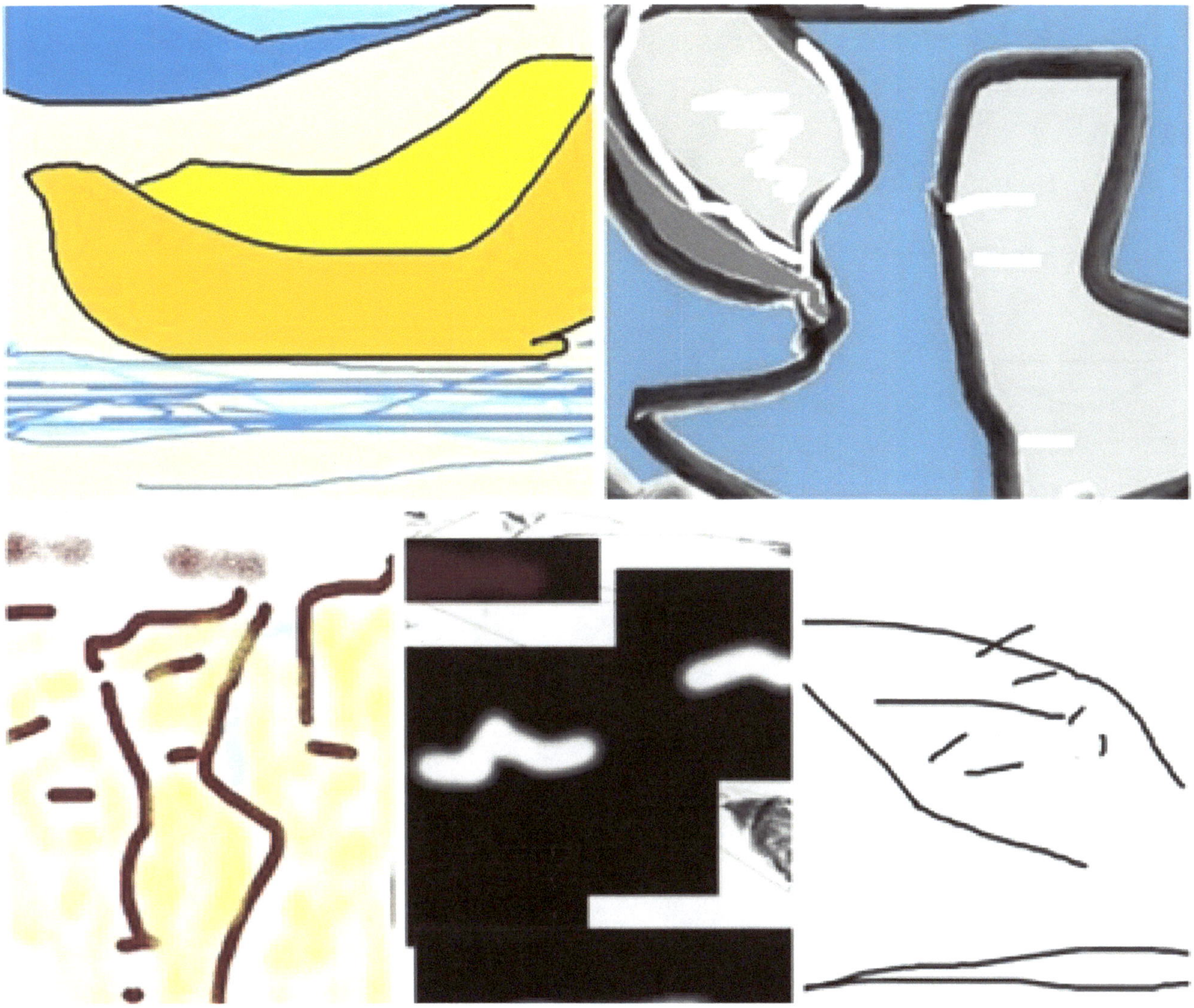

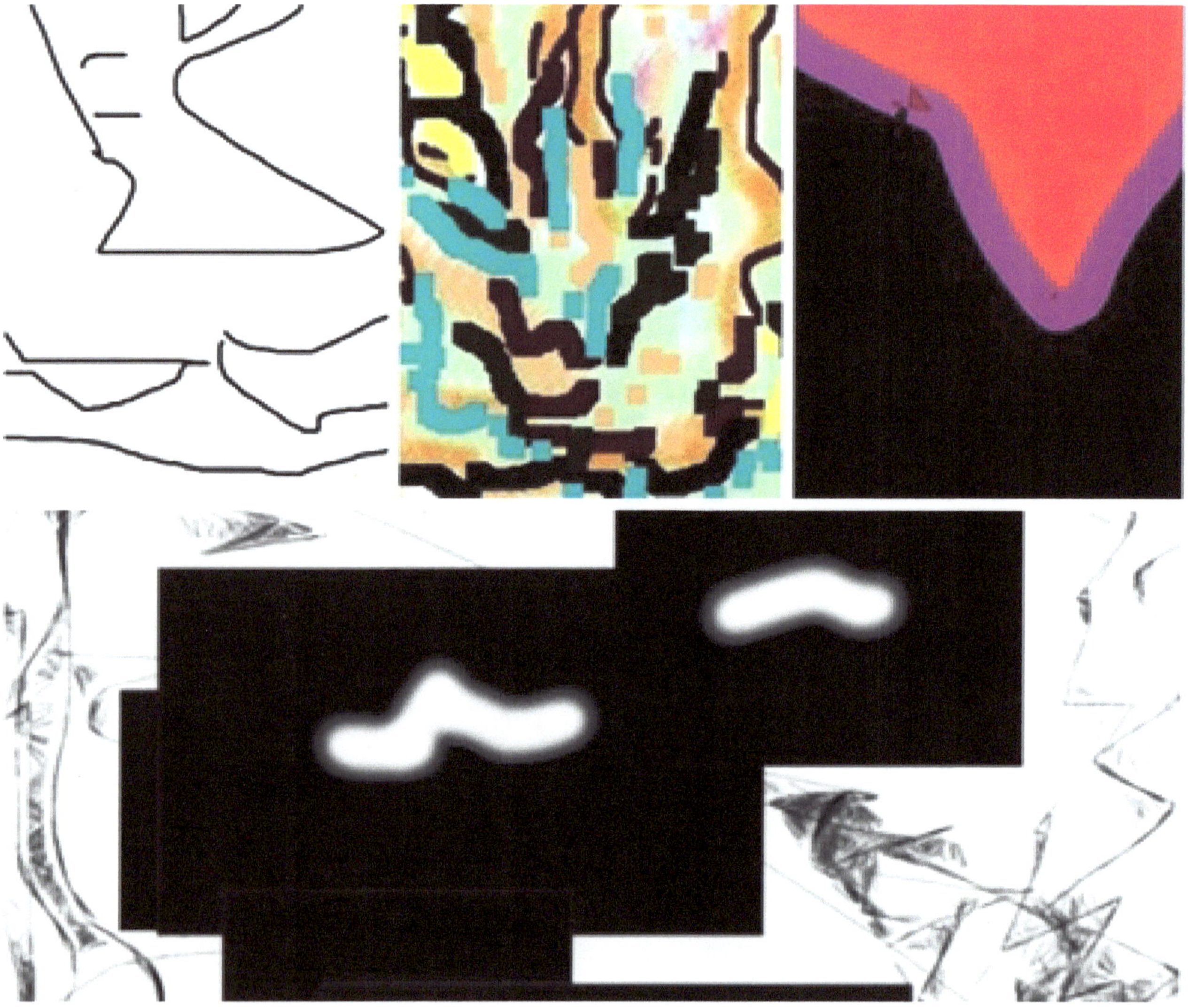

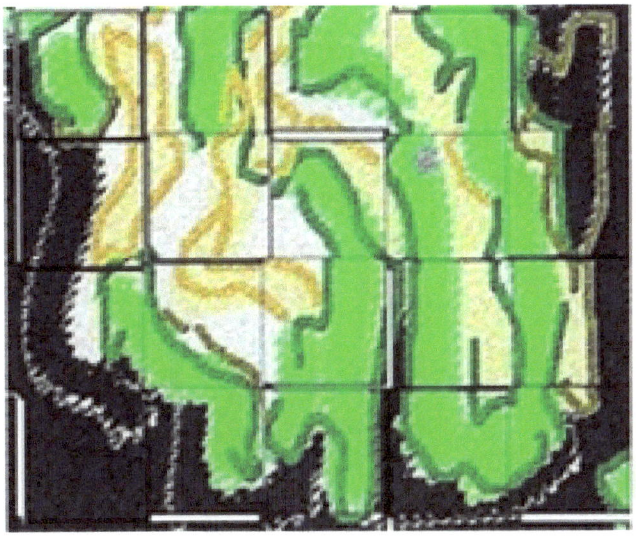
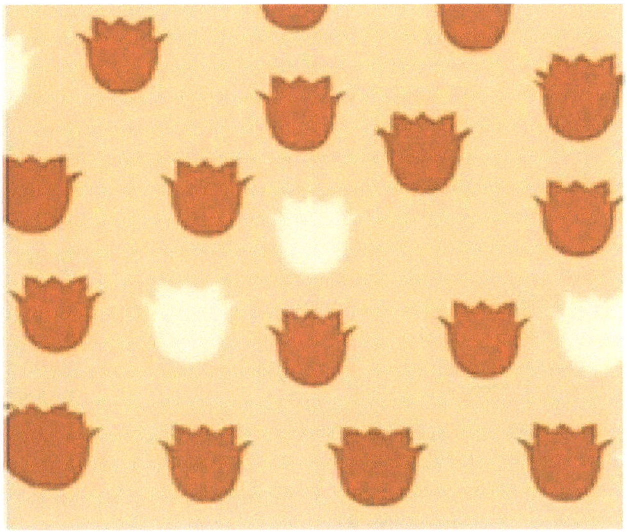
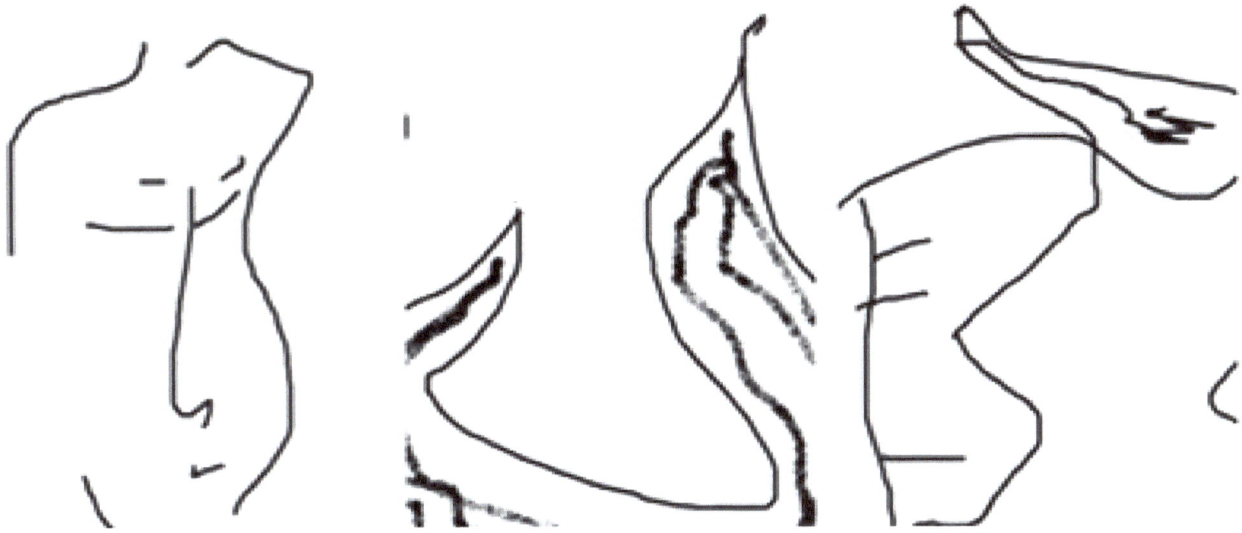

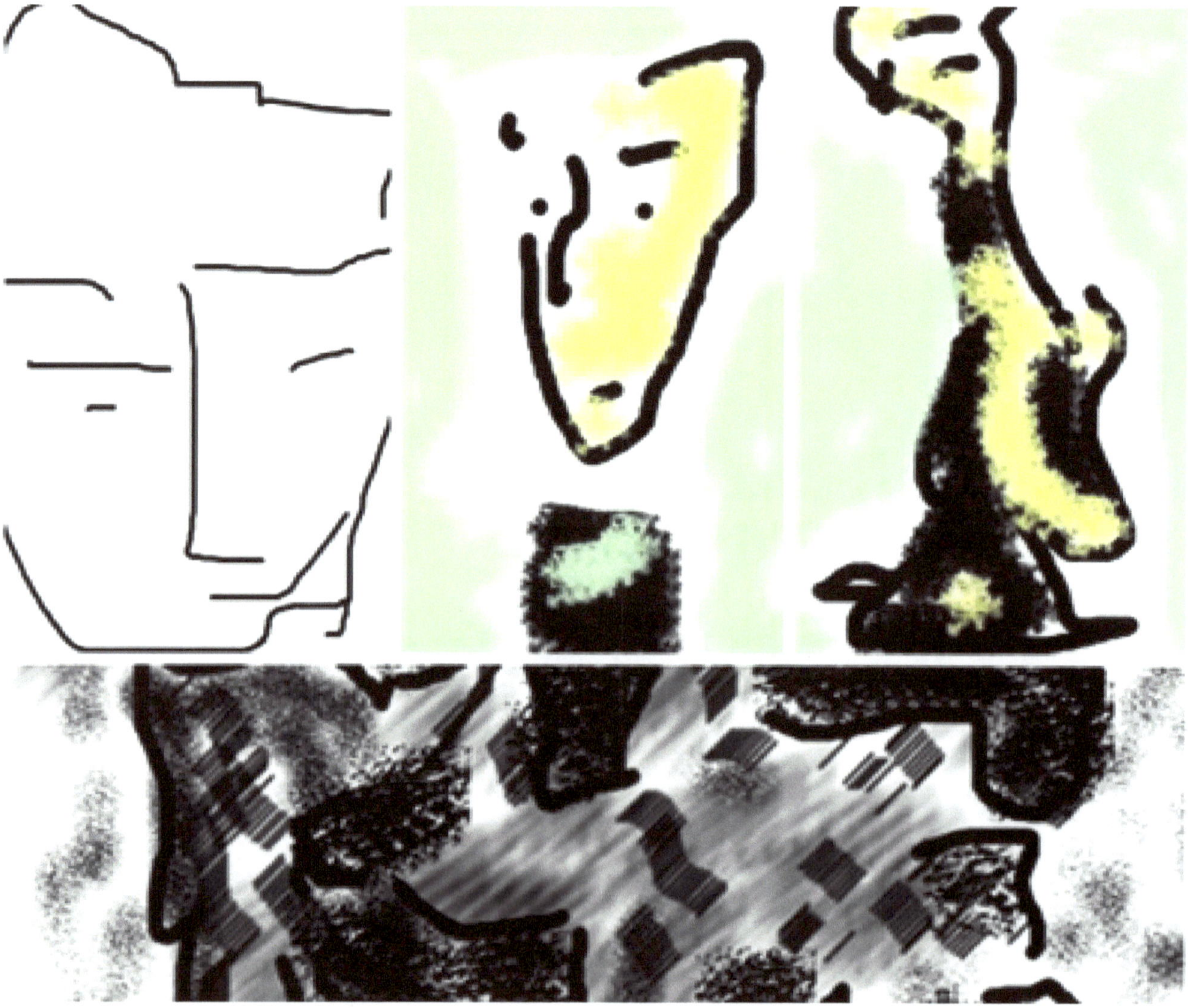

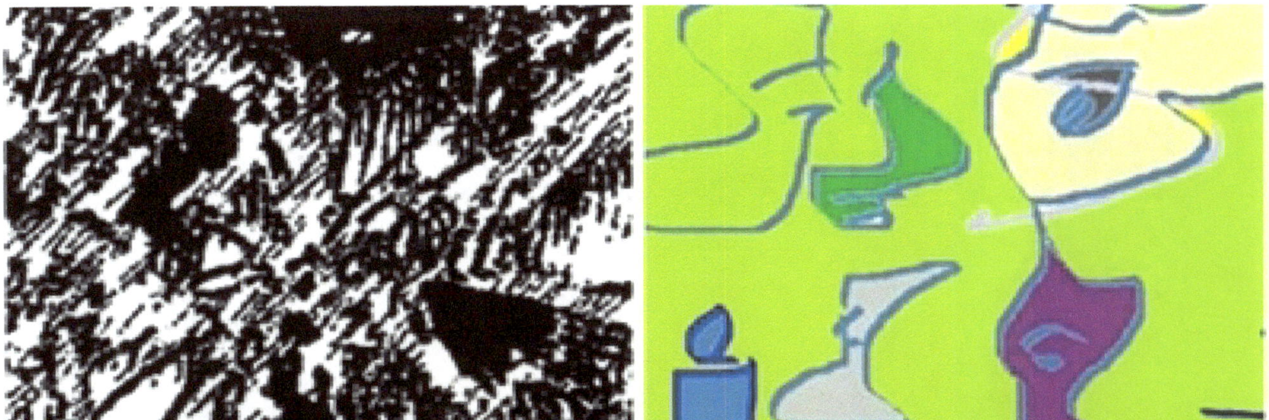

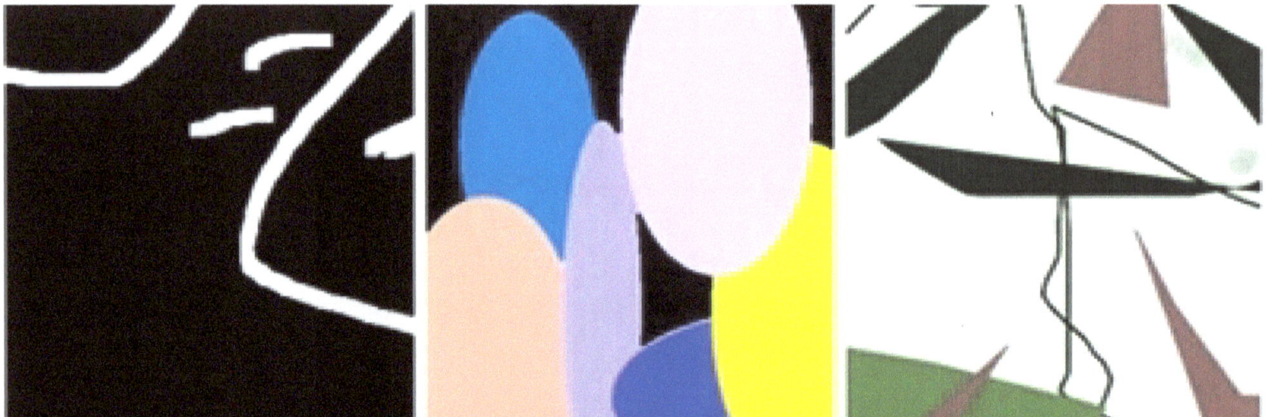

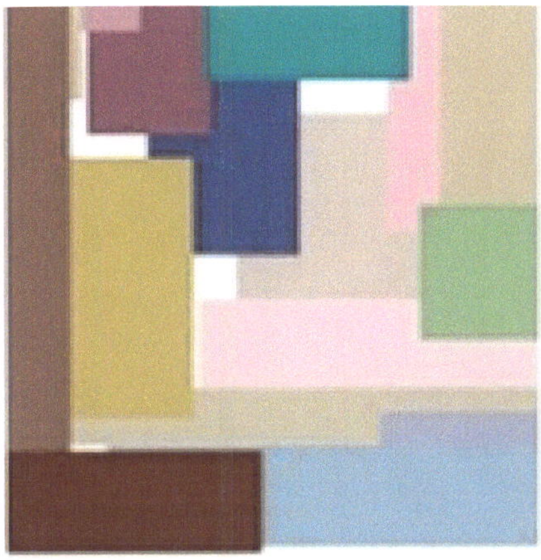
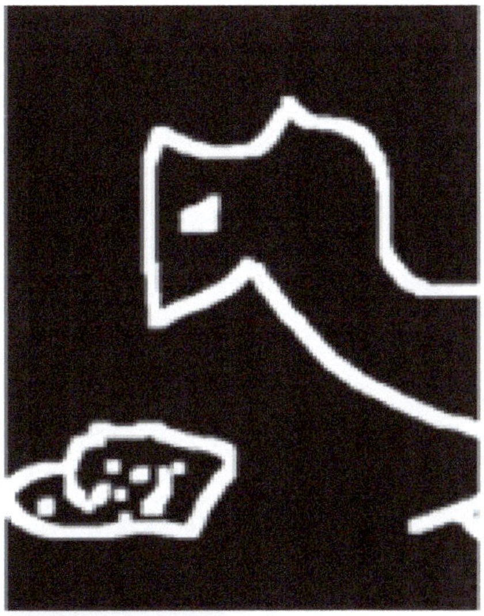
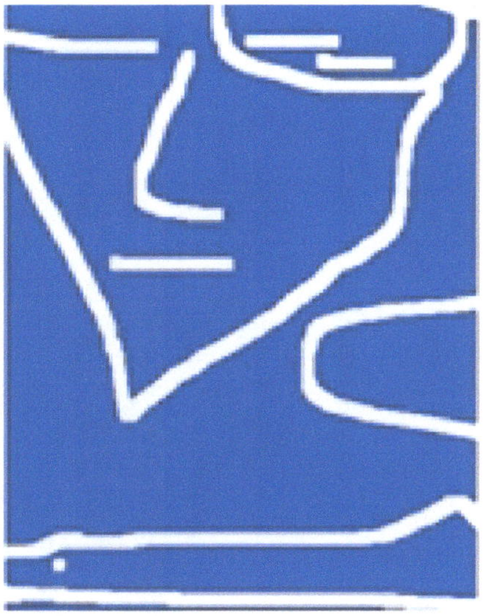
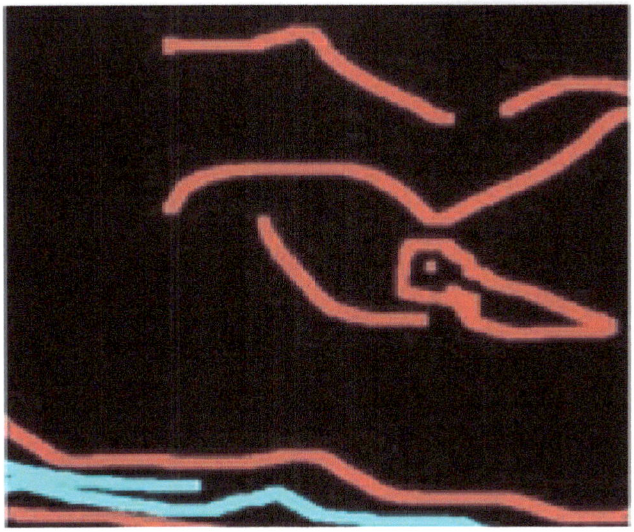
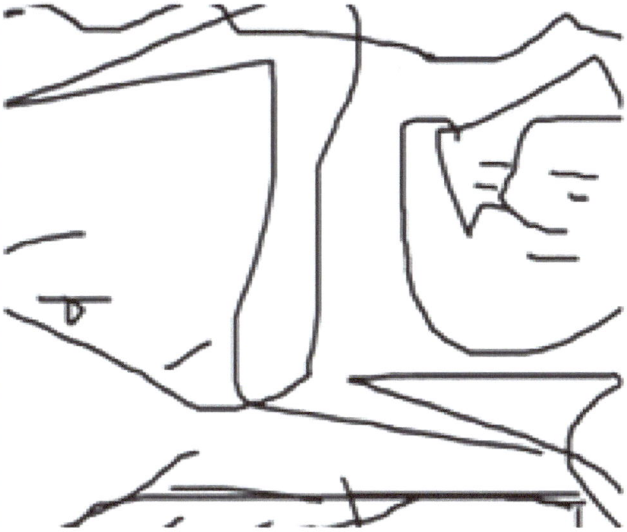

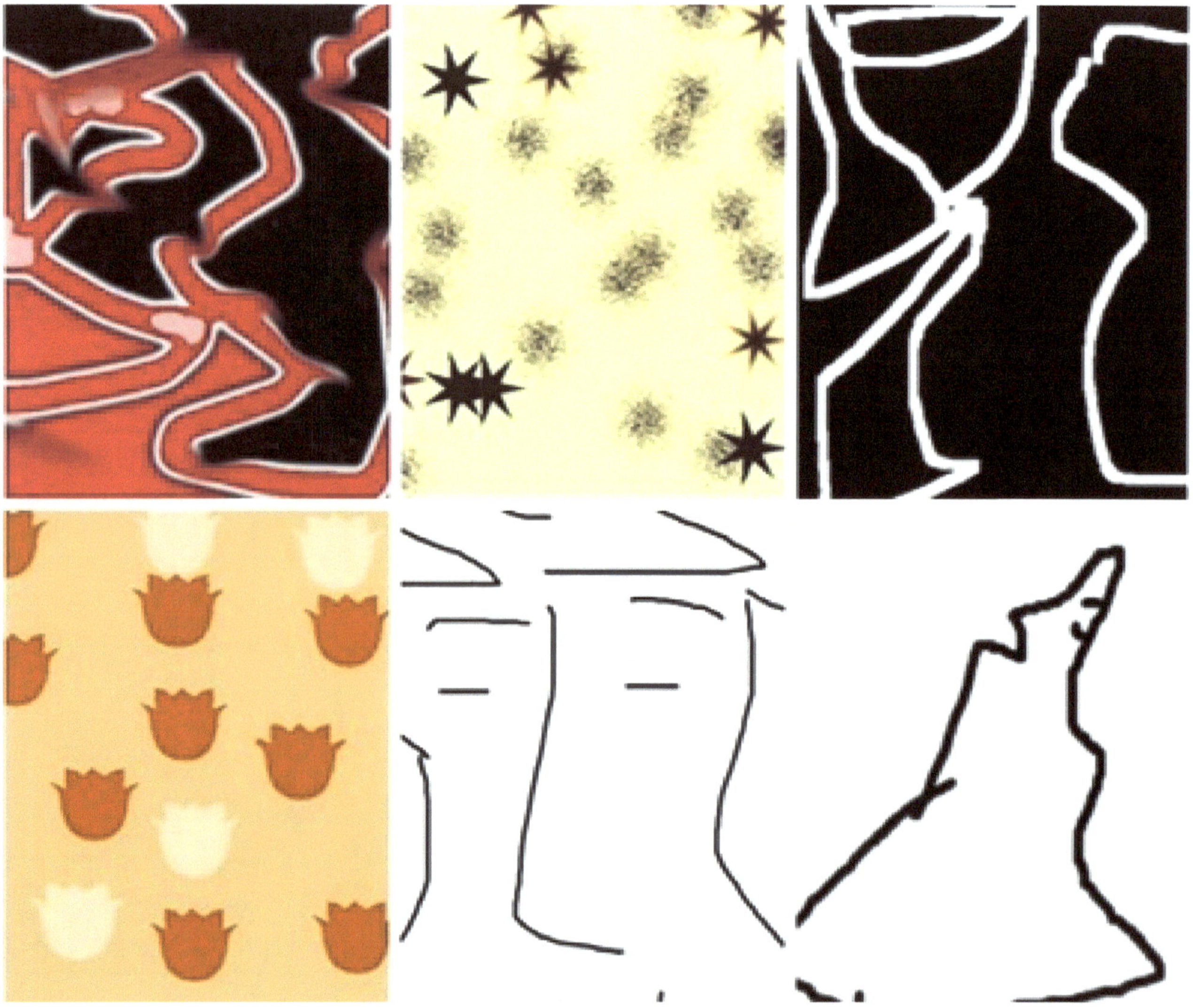

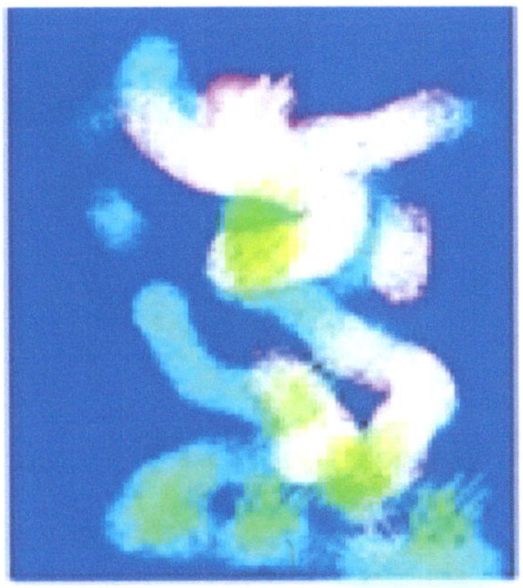
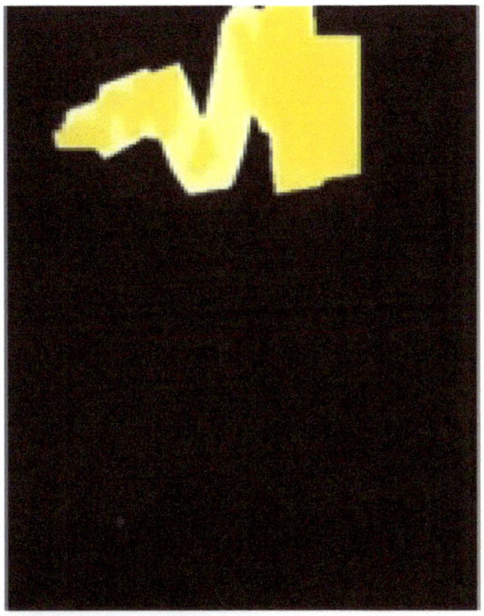
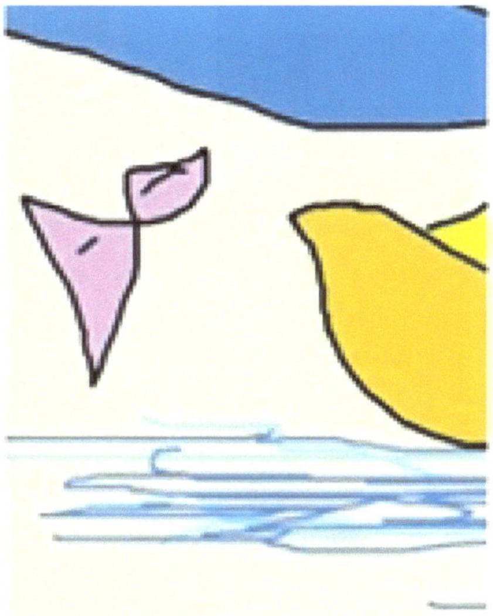
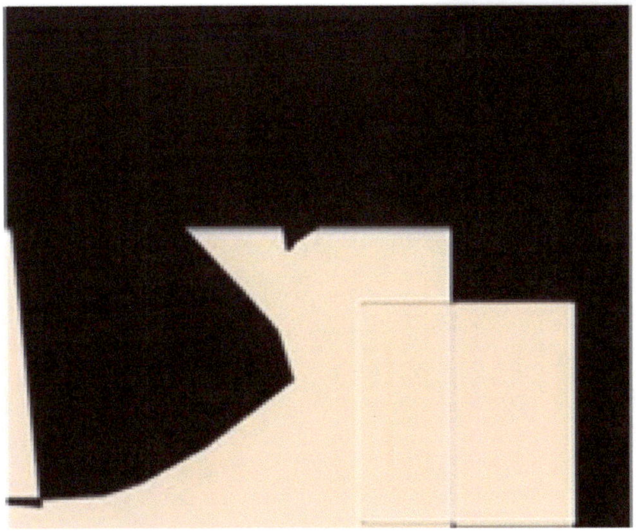
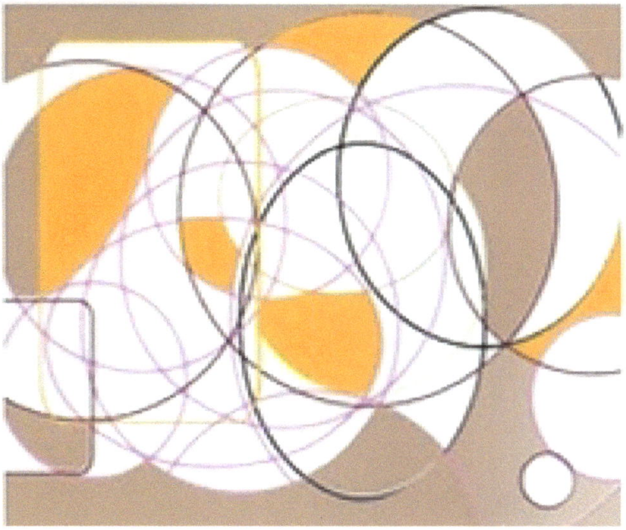

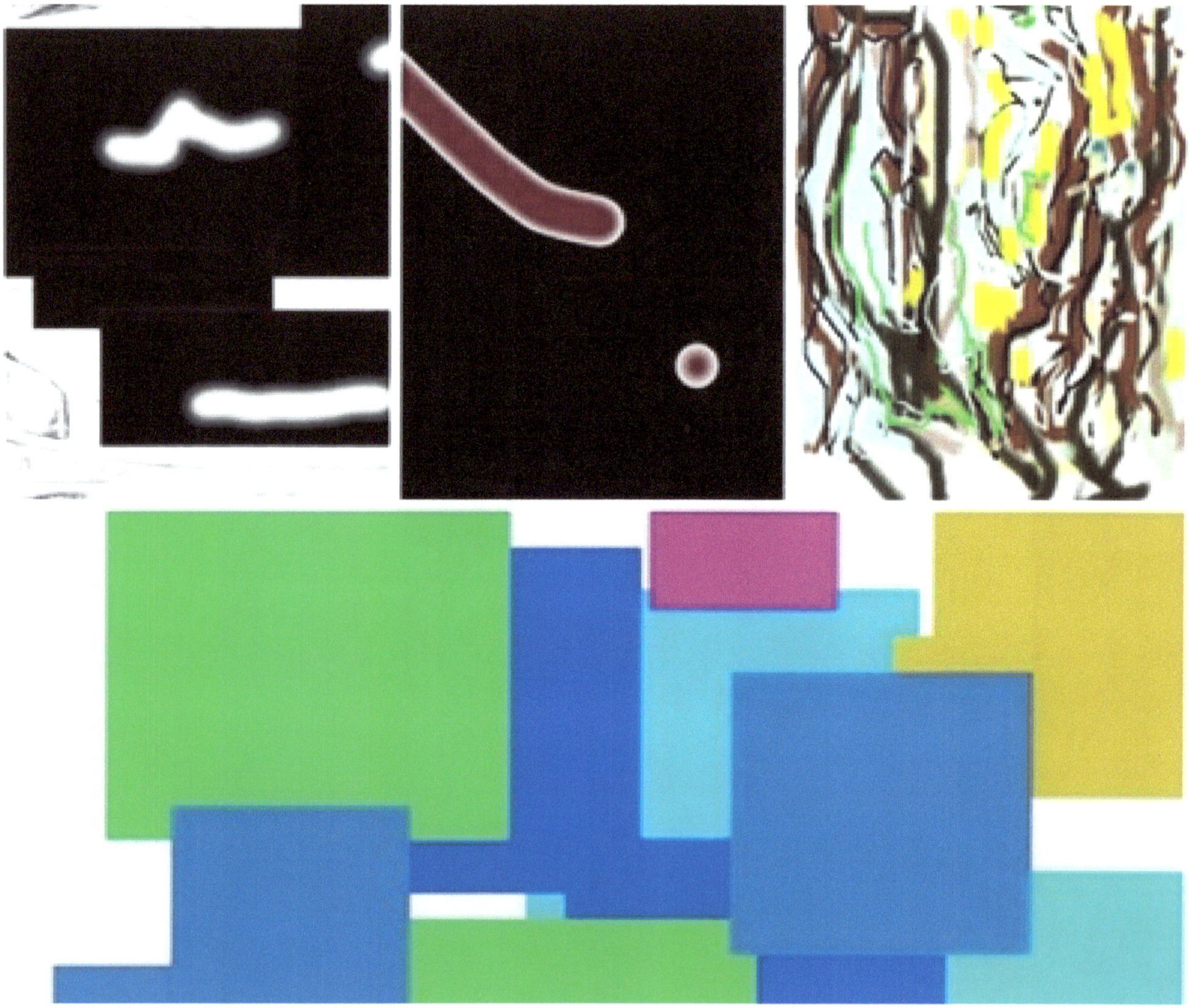

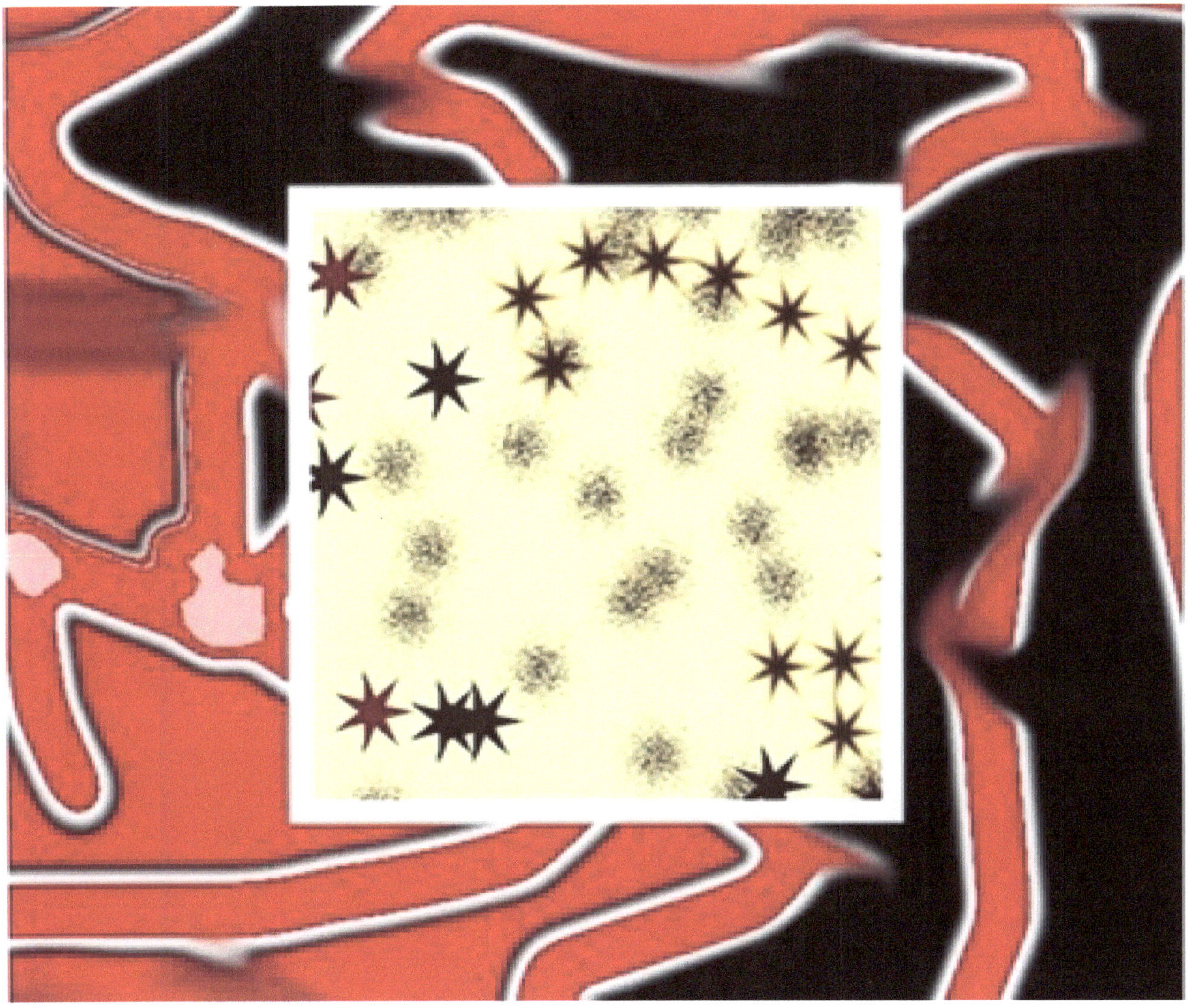

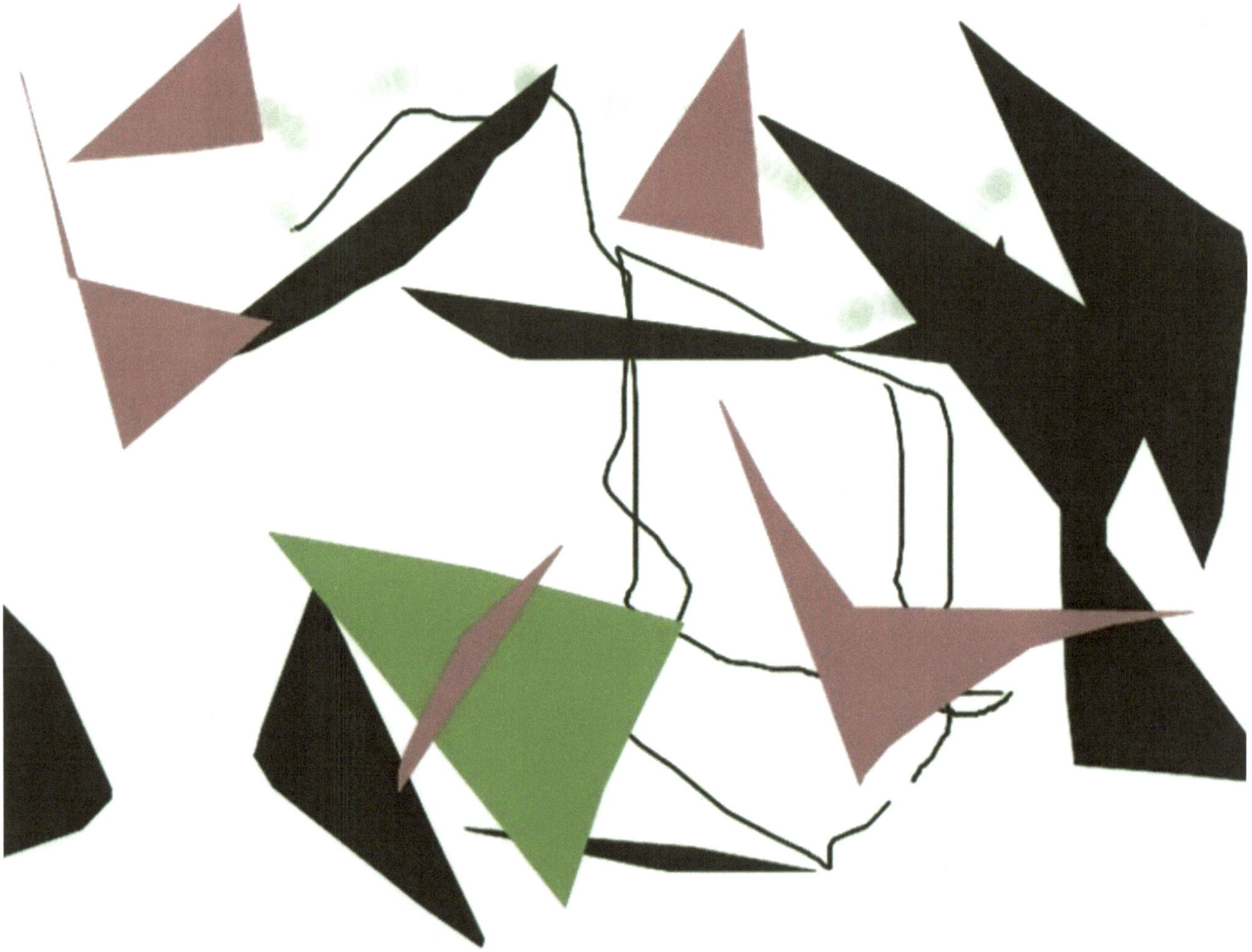

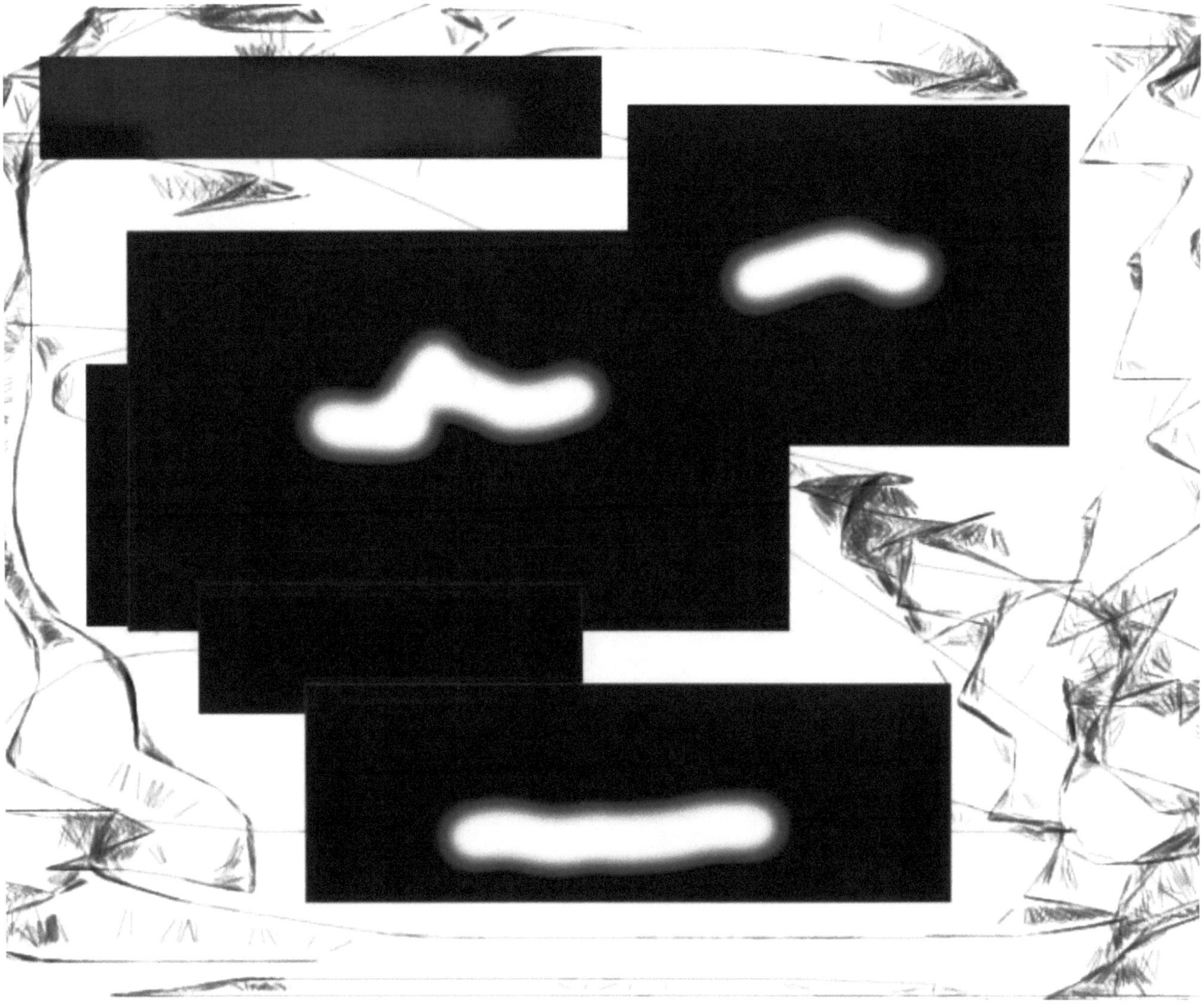

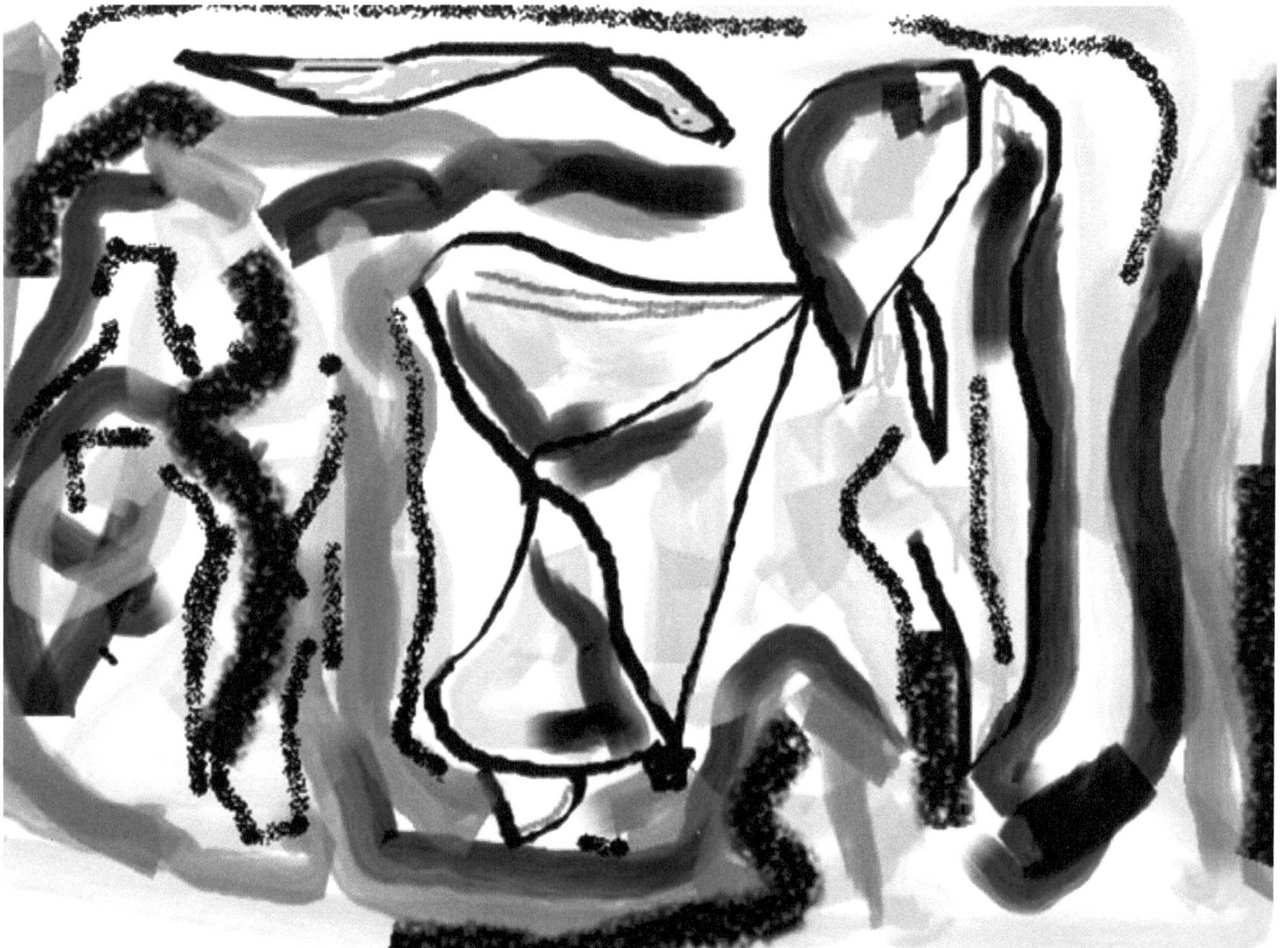

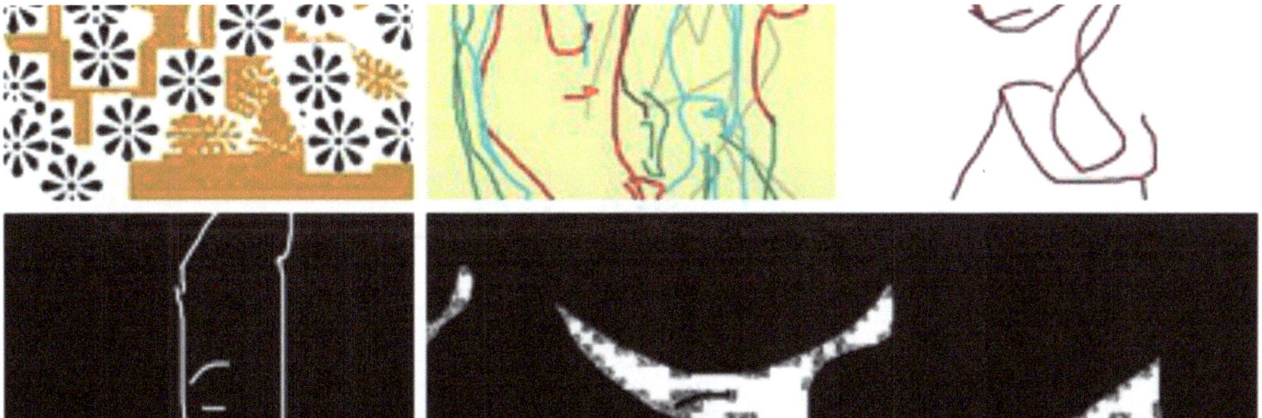

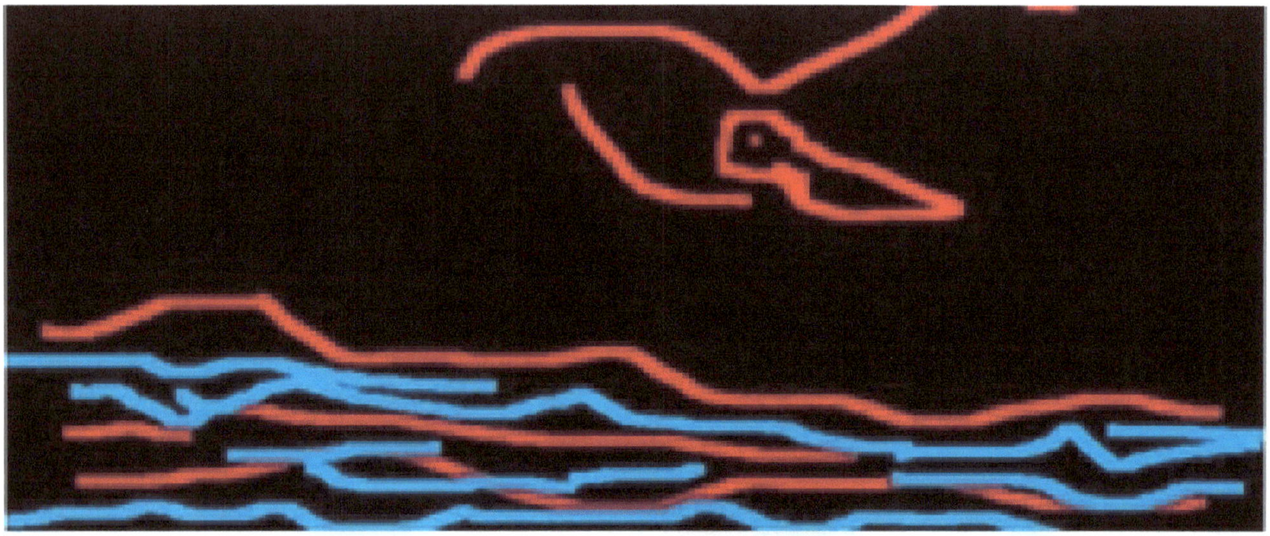

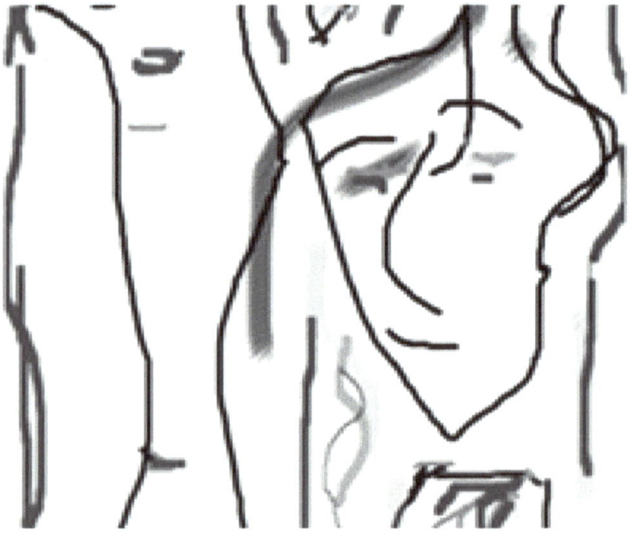

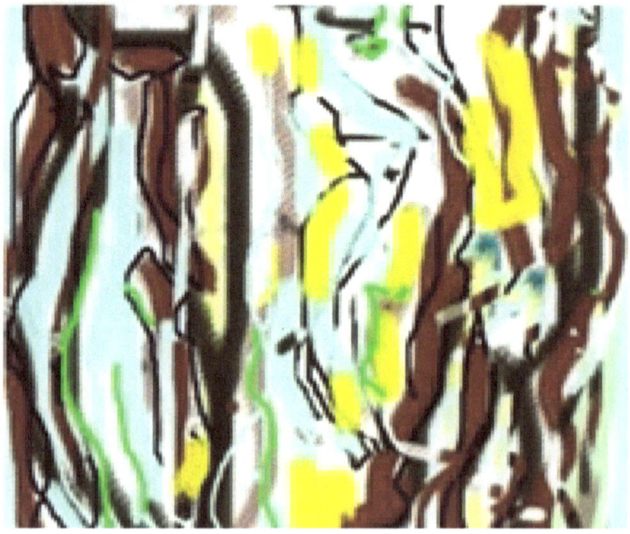

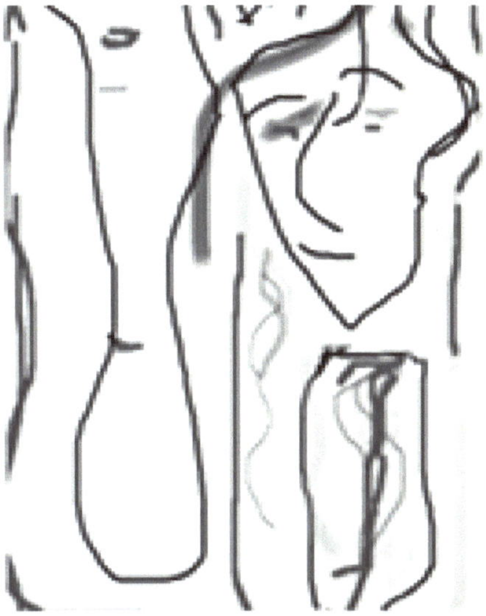
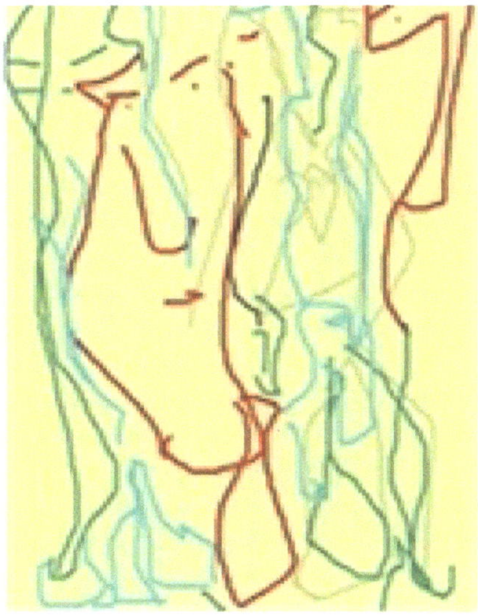
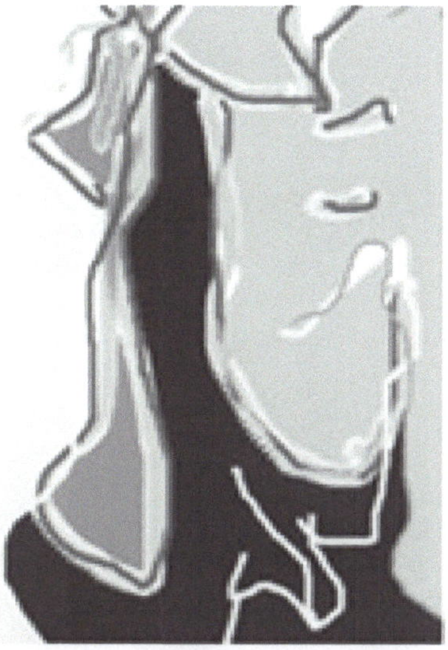
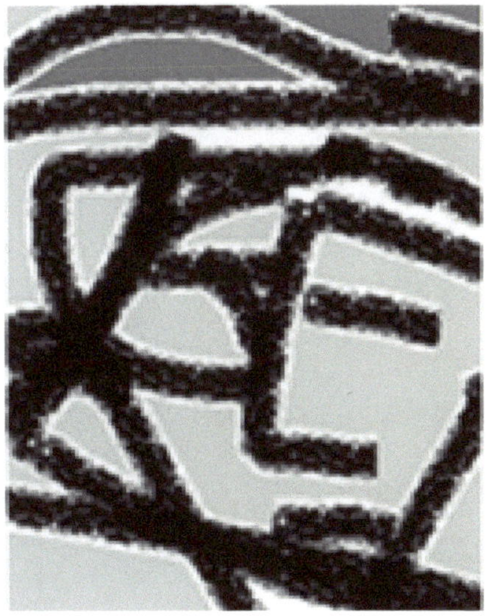
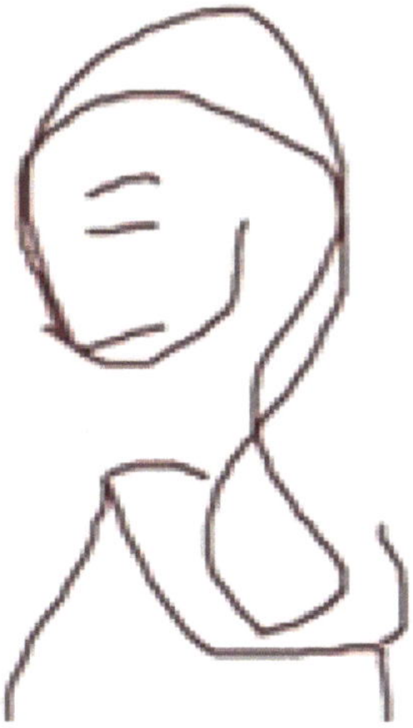
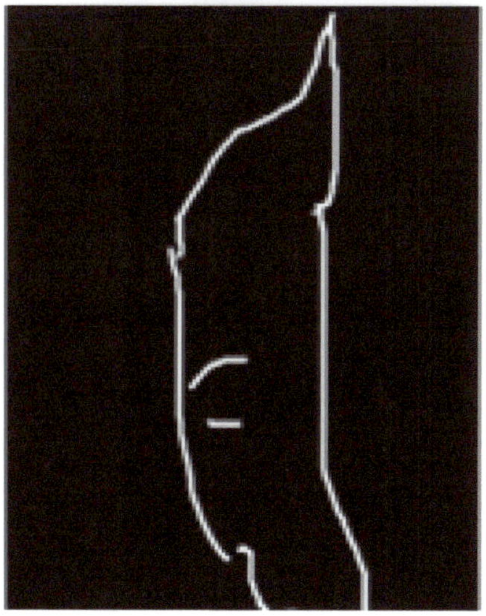

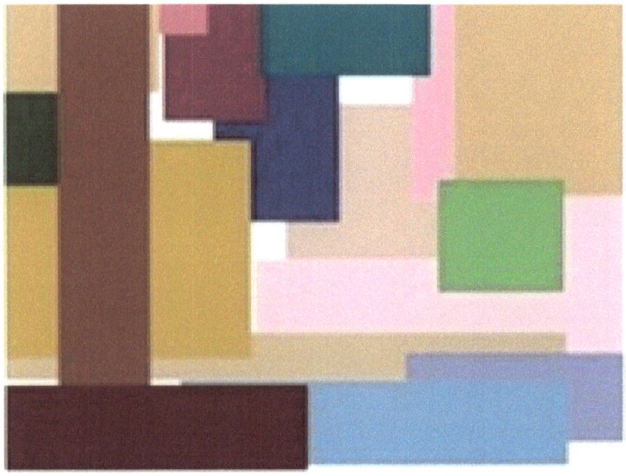

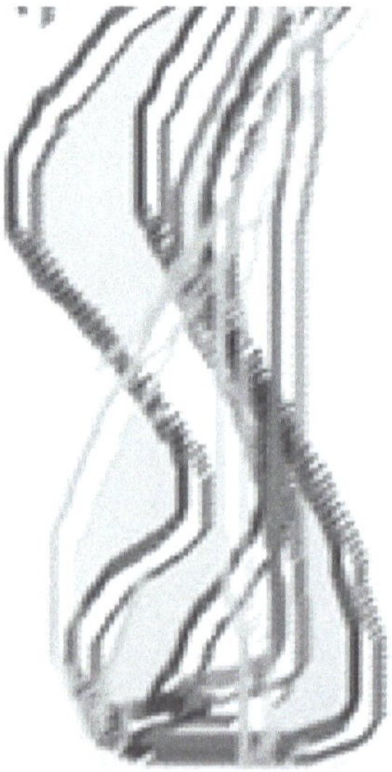
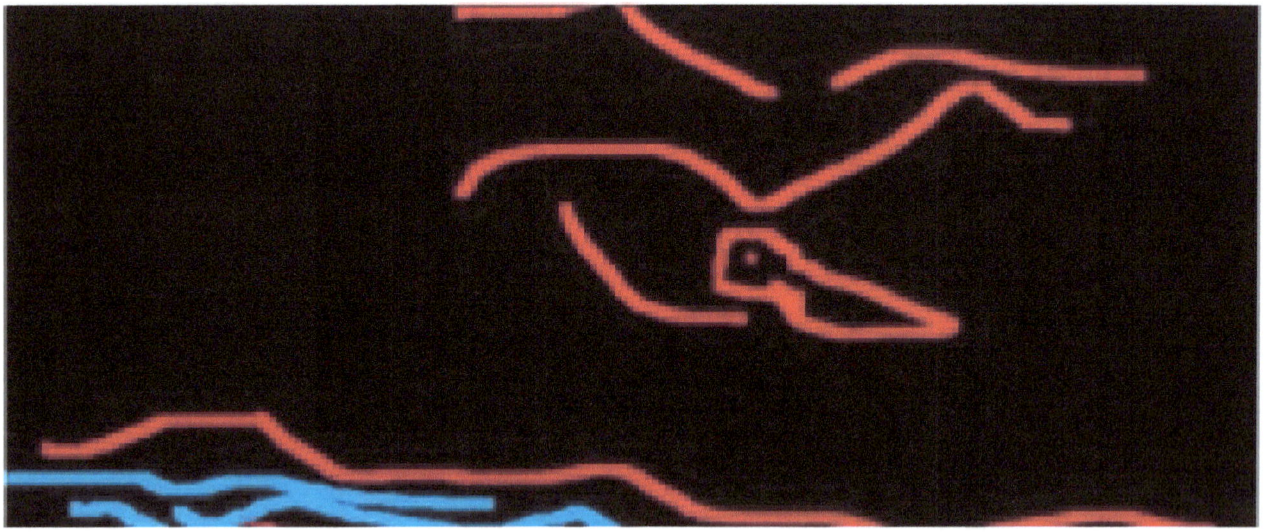

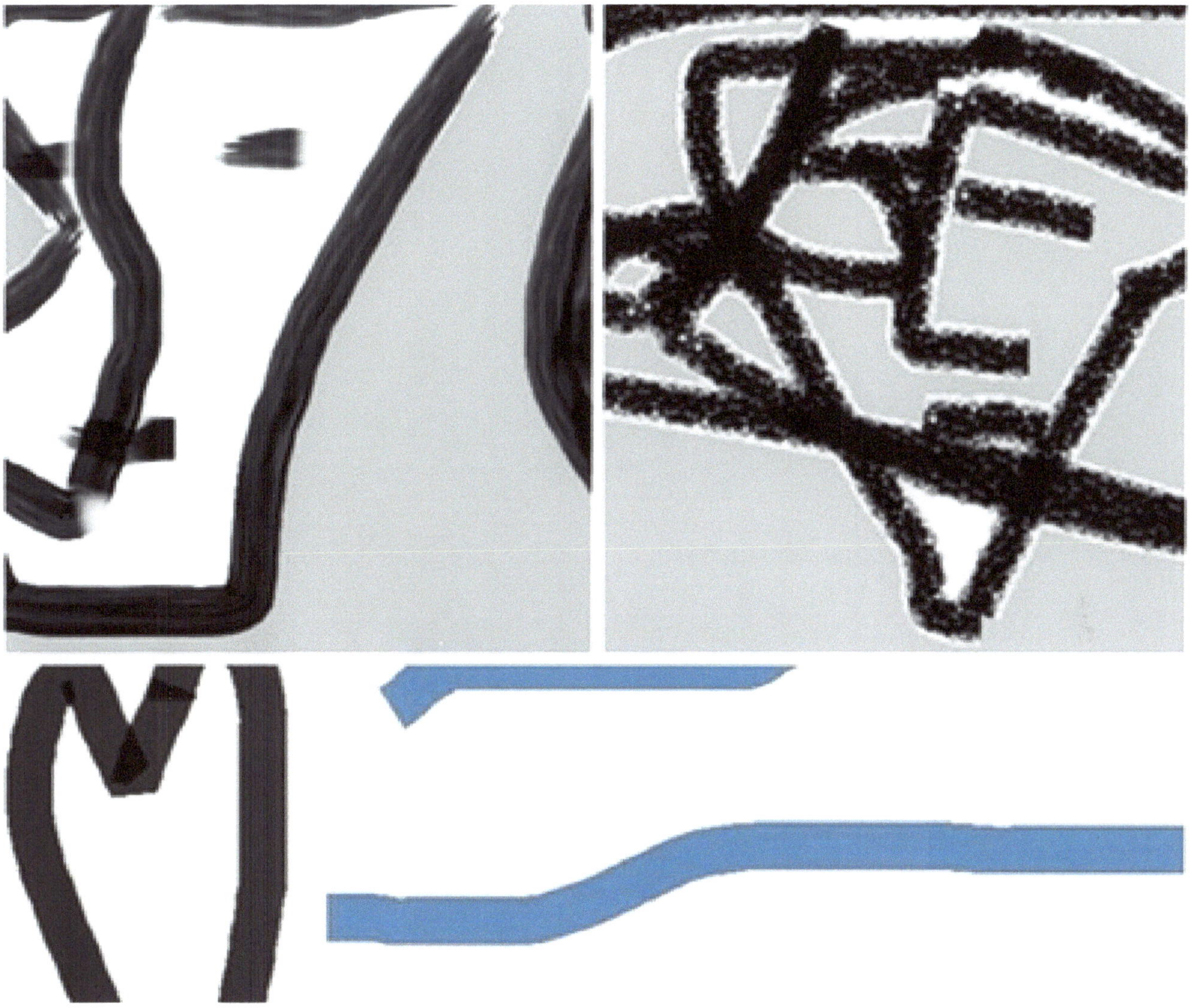

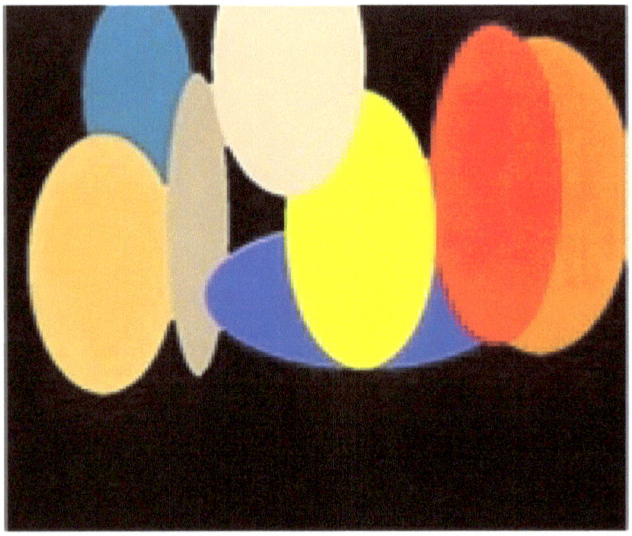

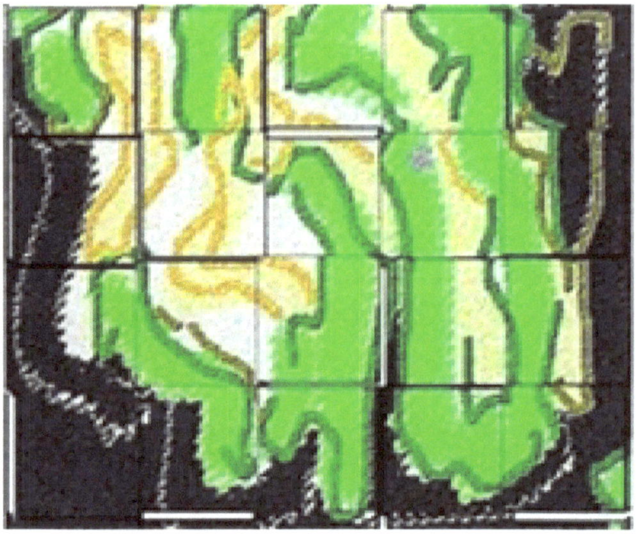

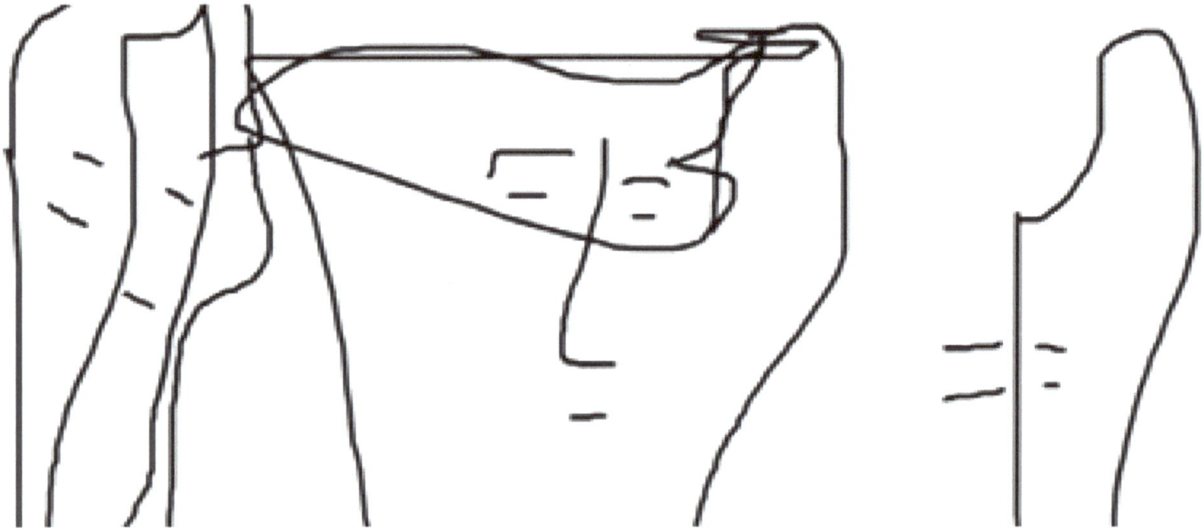

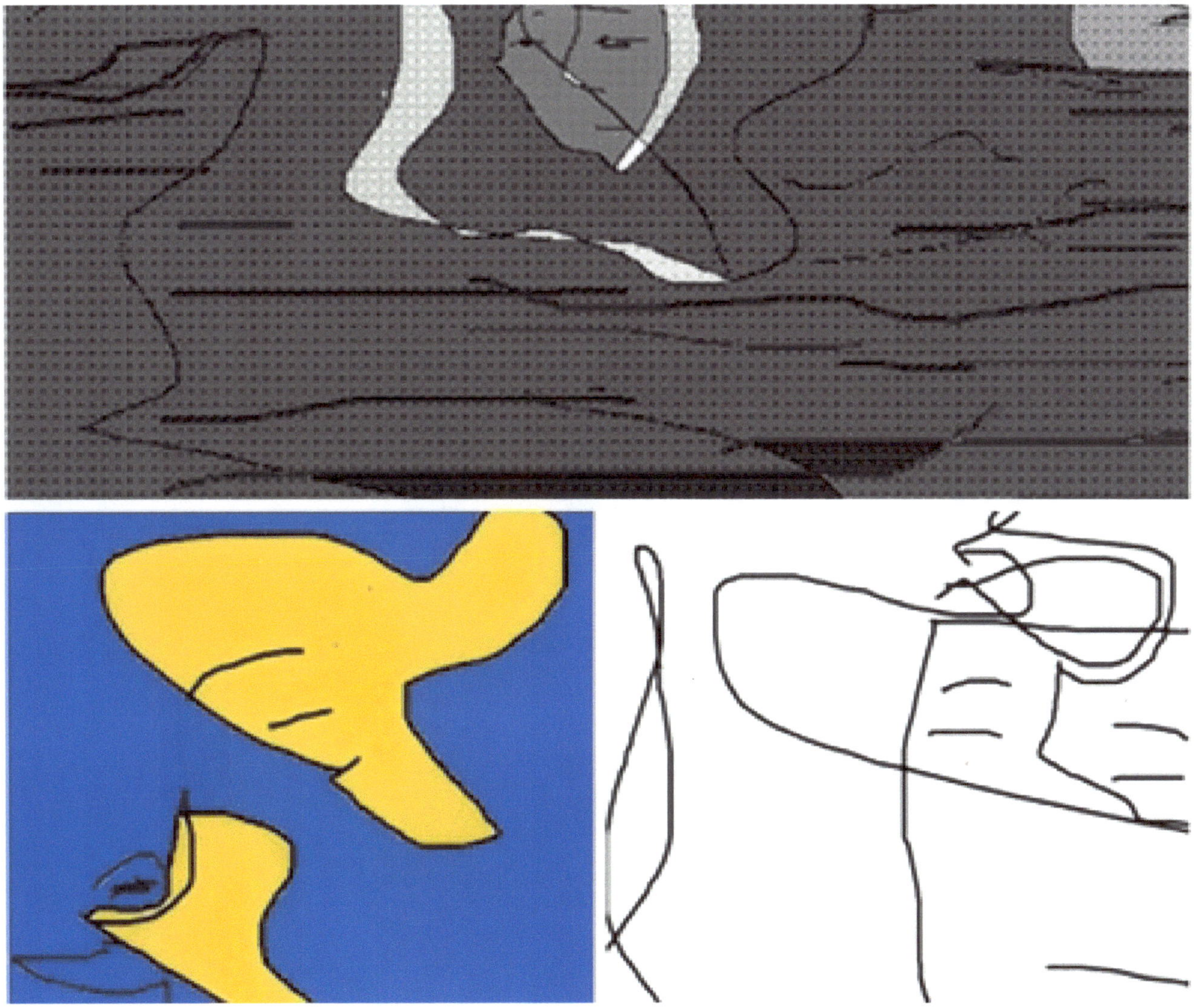

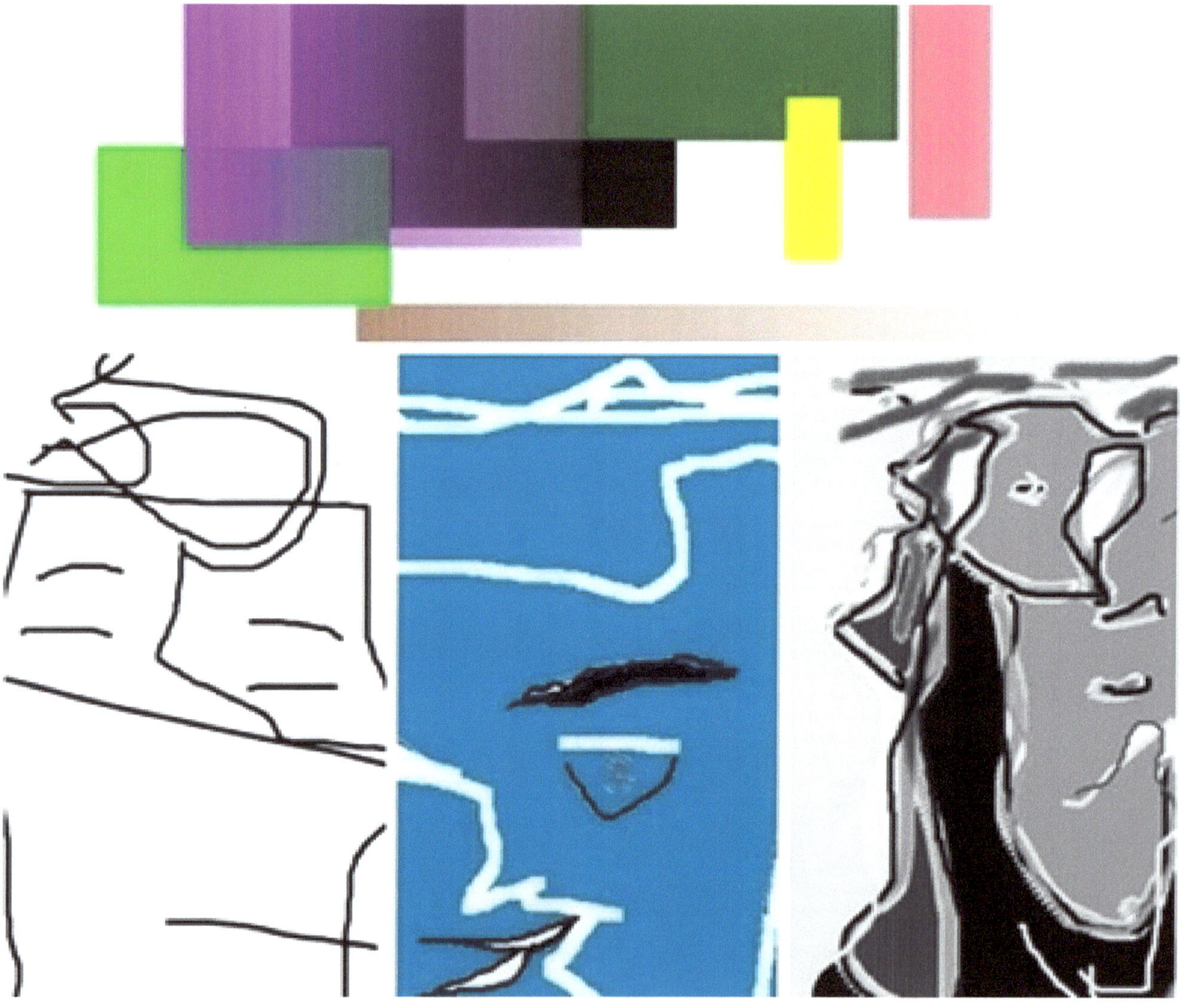

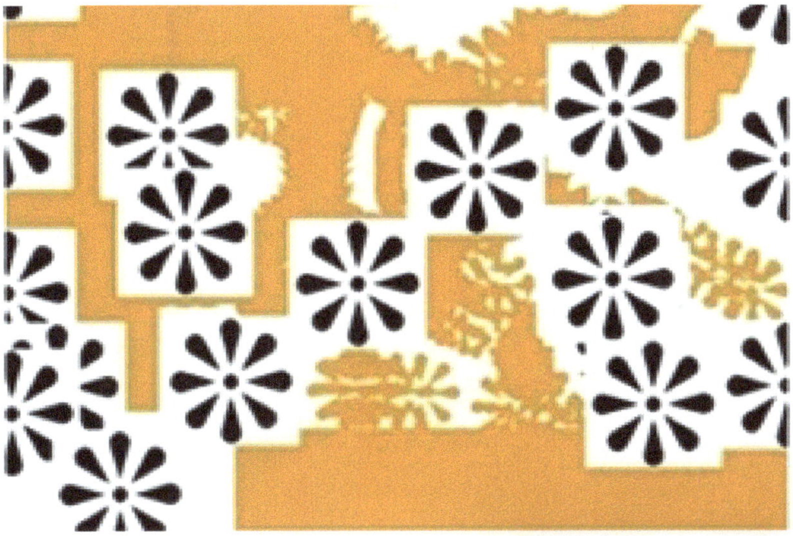
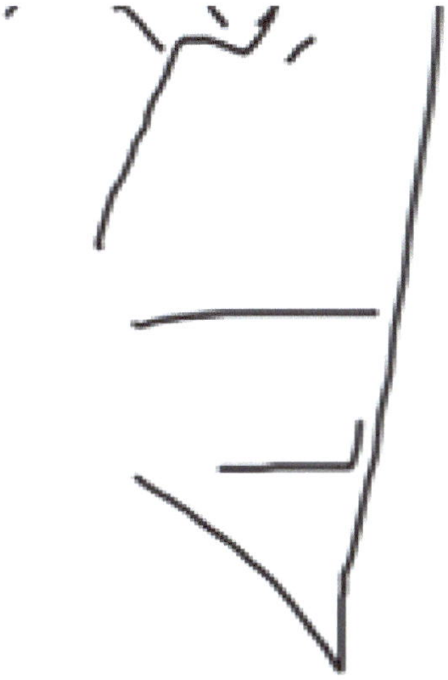
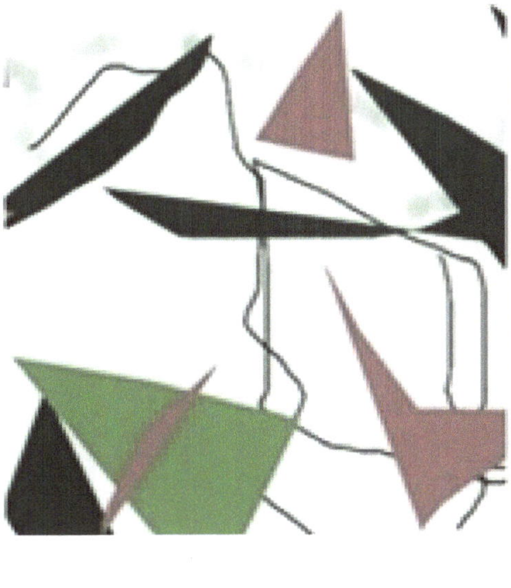
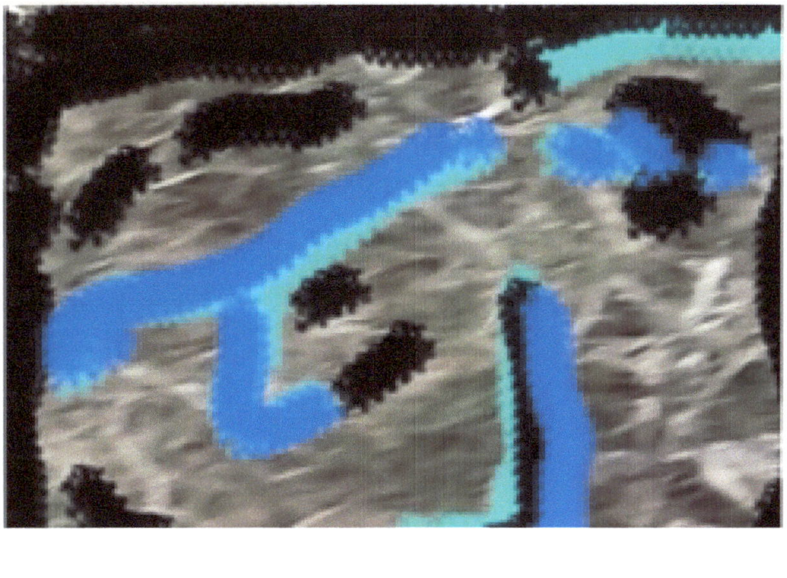

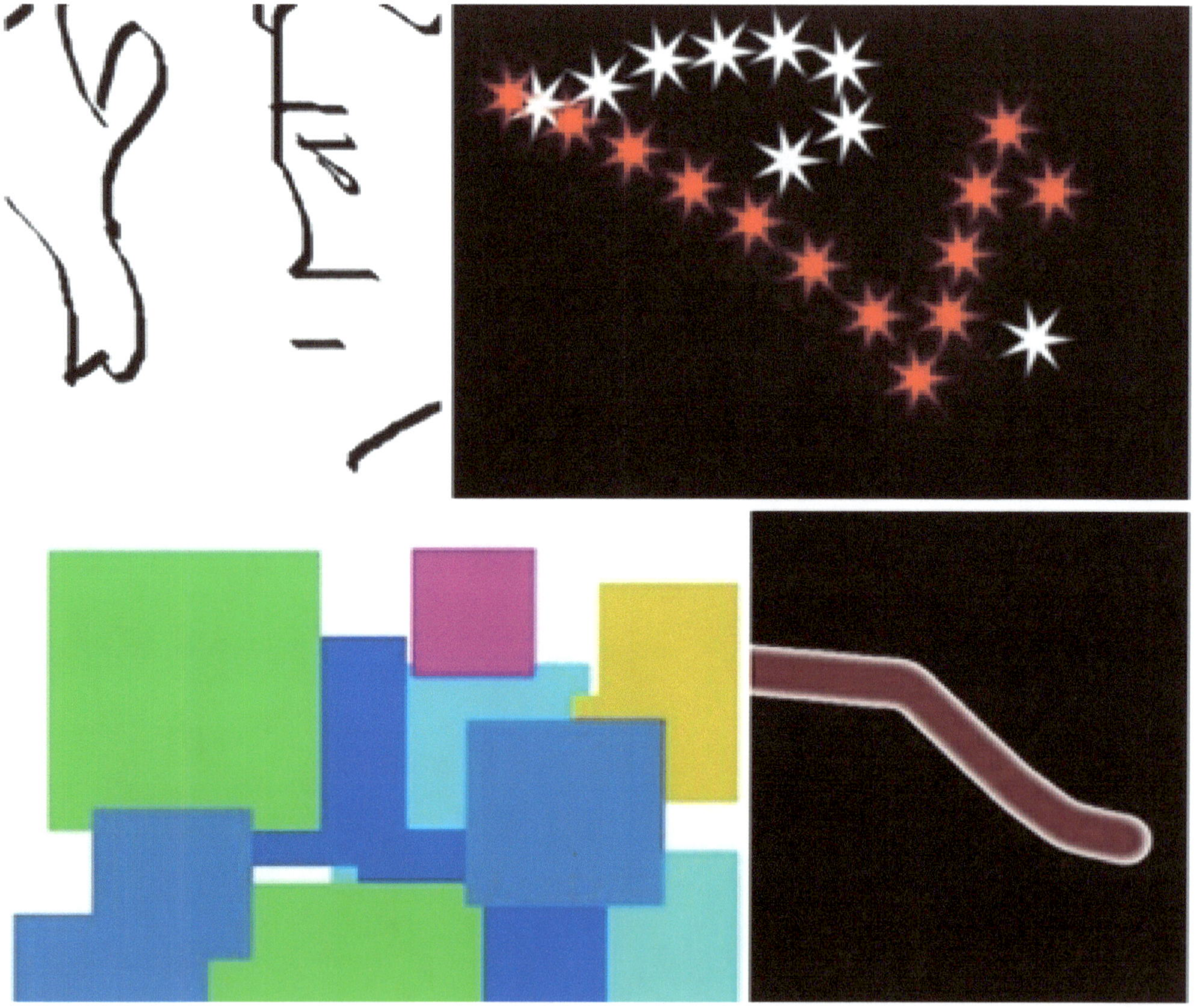

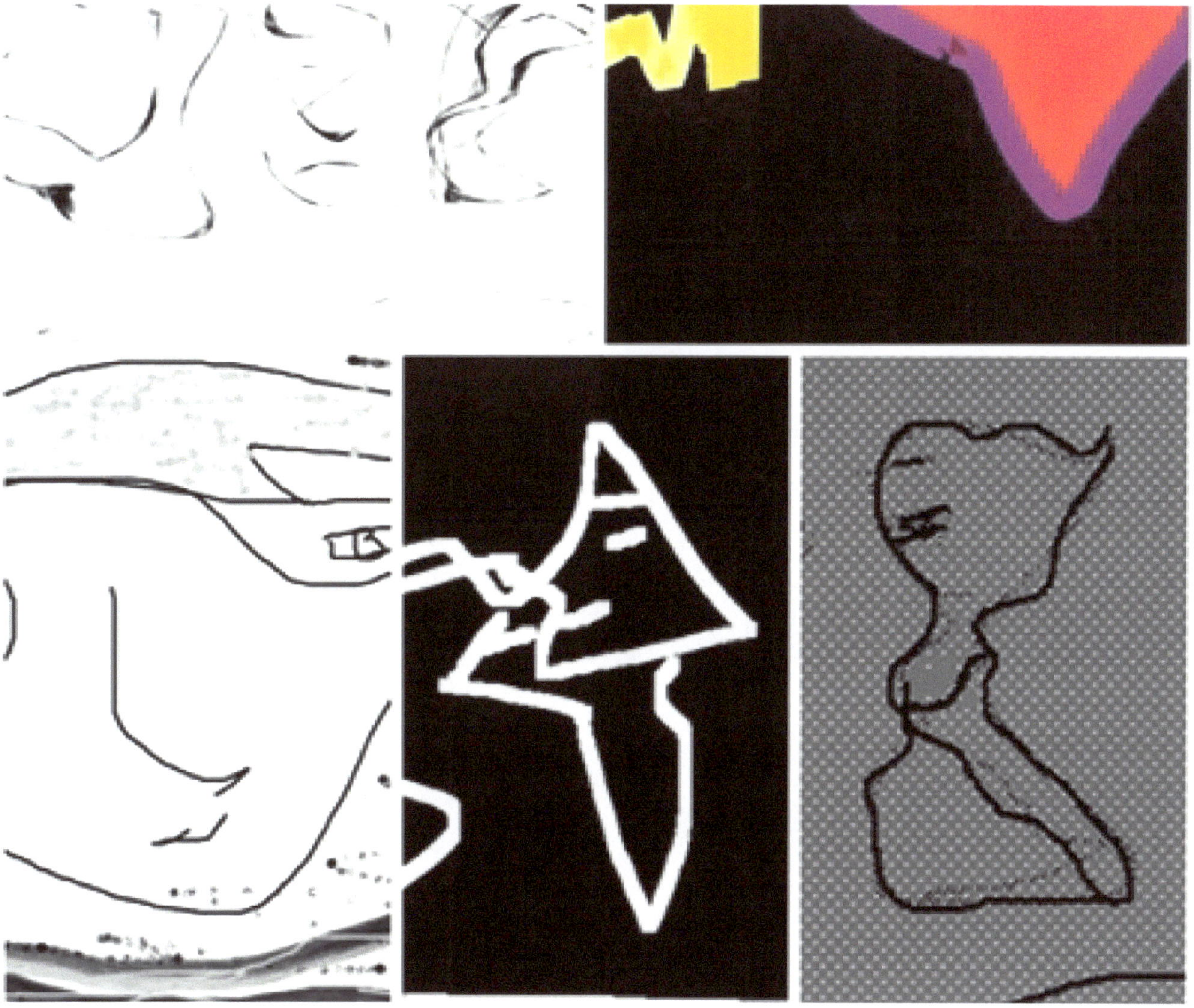

www.ingramcontent.com/pod-product-compliance
Lightning Source LLC
Chambersburg PA
CBHW050436180526
45159CB00006B/2562
* 9 7 8 1 5 0 5 4 6 8 1 1 3 *